DIBUJAR

ESPACIOS

Blanca Pérez-Bocanegra

De nadie

europa ediciones

© 2025 **Europa Ediciones** | Madrid

www.grupoeditorialeuropa.es

ISBN 9791256961313

I edición: noviembre del 2025

Distribuidor para las librerías: **CAL Málaga S.L.**

Impreso para Italia por *Rotomail Italia S.p.A. – Vignate (MI)*

Stampato in Italia presso *Rotomail Italia S.p.A. – Vignate (MI)*

De nadie

A mi hermano Antonio

A Jose, por su inagotable estímulo
y aportación a esta obra.

A Olga Pais, por los colores y las formas.

A Miguel y Conchita, por su inestimable presencia
musical en mis poemas.

Innumerable soledad barrida
por viento y sal, por frío,
por cadenas,
por luna y maremoto:
debo contar la desdentada estrella
que aquí se hizo pedazos,
recoger los fragmentos
de piedra, hablar
§con nadie, hablar sin nadie
ser y no ser en un solo latido.

P Neruda, Las piedras de Chile

PREFACIO

Qué enorme responsabilidad la de prologar un texto como este De nadie. Y no solo por la cercanía personal a la autora que despliega sus versos, sino porque quien la presenta no puede entreverla sino desde un mundo paralelo que no es, precisamente, el literario. Lo que no obsta para que alguien se esté confrontando de continuo a la imposibilidad del símbolo para capturar aquello indecidible en que se convierten las huellas de sus padeceres. Es en este punto donde los decires particulares toman el vuelo de un "quejío", de un lamento susurrado, de un anhelo evocador que nunca subsume la integral de sus marcas y letras.

¿No sería, visto así, homologar el poema al patema vernáculo que es la historia de un síntoma singular? O, mejor dicho: un malestar subjetivo no es sino la metáfora, la metonimia más bien, que cada quien pudo construir con aquello que tenía a mano para dotarse de un sentido, que no fuera tanto imperativo y prescriptivo, como deseo y anhelo. Así lo dijo el mismo S. Freud.

Pues bien. De eso va la poética de Blanca. De un universo velado, vaporoso e incógnito, cuya autora se esfuerza denodadamente en descifrar, en encontrar una luz sobre la que poder descansar. Pues una vez caídas todas la certezas cotidianas, desilusionada de los ropajes del yo y prevenida de falsas escrituras ideales ya solo queda la excritura de una deconstrucción perpetua, a condición de no caer en las redes de la melancolía sacrificial ni en el abandono ataráxico.

He ahí el mayor mérito de esta obra: a pesar de todos los fantasmas, a pesar de la desnudez y soledad que nos acompaña, nunca ceder al deseo ni cejar en la búsqueda, en ese cuerpo o nombre que nos presenta, de algo que nos sea propio, es decir, apropiado.

No podemos dejar de identificar algunas referencias en esta panoplia retórica. A veces Blanca se aproxima a la tradición mística, con figuras como: "la mano enturbia el alma y el cuerpo la acarrea por otra ruta". En otras ocasiones, aparece algún verso que semeja al aforismo. Y en otras, se recrea en la sonoridad homofónica del susurro hablado, al modo de un haiku ... Pero, lo que sí denota en todo momento es una poética profundamente experiencial donde cada vivencia queda desgranada en las moléculas de sus afectos, por efectos, en la que horada cada centímetro de su piel junto a los jirones de sus sueños para dar a valer un propósito profundamente terco y tenaz: el de no dejarse engañar en ningún momento... Ni siquiera, y sobre todo, por sí misma.

Formalmente, el texto, está dividido en tres grandes bloques sin título preconcebido que los acote pero con un hilo diacrónico moderadamente diáfano.

El primero, versa sobre la imposibilidad de que la letra reabsorba el todo de la cosa: versos acerca de lo indecible, que es la inexorable brecha intraducible creada por las palabras cuando estas adjetivan la existencia: "Esperanza en el soporte de los semas para creer en lo mundano", recita. Acá nos habla del "silencio hiriente de la calma muda".

En la segunda parte, parecería dar un giro sobre sí misma para dejarse llevar tras las urdimbres que crean las letras al ser depositadas en lo humano: la alusión al estigma, al tiempo, la pérdida, la infancia o la rutina comparecen a escena para ser escrutados como síntomas de soledad: "Amantes mudos, lívidos y sucintos en el olvido", nos dice. El apartado se abotona con un soberbio De nadie que da título al poemario. La tercera, más conclusiva, podríamos intitularla como un saber hacer con el cuerpo y sus nombres. "Reconozco de la mujer, su destino" leemos, a modo de manifiesto. Para adentrarse, a continuación y casi de manera recurrente, en el pecado, la falta, la soledad o el deseo. "Búsqueda en la calma" enuncia en su pasión por la verdad y sus versiones (subversiones). O, "déjame buscar el vacío" reclama como un proyecto de vida decidido: "sed de ser yo, obcecada sed"... De ahí que "en la soledad nómada de sus fantasmas, en el lado opuesto del alma", pueda dar agua a la esperanza. Este capítulo, concluye con un espléndido Sola donde al fin, y después de tan largo trayecto, arriba a su Ìtaca particular, a su tierra de promisión y descanso, aquella donde encuentra un nombre definido que es marca para su deseo: "Porque la falta que siempre me acompaña no tiene un nombre....porque es blanca".

Se podría pensar, erróneamente, que estamos ante una lírica ascética, profundamente desesperanzada y melancólica que se regodea en lo inmundo del devenir personal. Pero no es así para nada, al contrario. Blanca escribe como lo hace la vida misma y para ello, indómita, debe entregarse a su vorágine sórdida y fantasmática como hace su cuerpo cuando le dicta sus señales significantes; o como cuando lee entrelíneas la insistencia de sus designios tentadores. Todo ello, para extraer del devenir su jugo reconstituyente, al modo de una ética de vida, adornada con todos los juegos de un lenguaje que domina a la perfección. Pues los juegos del cuerpo no son sino los del habla, decimos nosotros, parafraseando a L. Wittgenstein. Pero que, justo por eso, siempre dejan un resto, su libra de carne ineluctable que es, a fin de cuentas, el misterio y causa de los seres hablantes.

"Una vida sin examen no merece la pena ser vivida" dicen que dijo Sócrates sobre el 399 aC., a condición de leerla despacio, saboreando cada figura estilística y dejando evocar afectiva y reflexivamente las resonancias que sugieren cada uno de sus mitos y silencios.

Como en esta obra.

José Ángel Rodríguez Ribas
Sevilla, agosto 2025

I

FONEMAS ERMITAÑOS

Odio las palabras que solo hablan de ti y de mí.
Las oigo lentas
esquilmando los ecos insomnes, los acentos irrepetibles.
Las odio ahora que lo nombran todo y a todos.
A nadie, pues, y a nada.
Me resultan insufribles esos fonemas ermitaños en mis
oídos,
abrazados e insistentes en su valía.
Recurren, impostores, a su objeto
sin asimilar aún que no hablan ellos,
que no fueron ellos
quienes fraguaron la realidad de nuestro tiempo,
sino nuestros corazones de sentimientos deudores.

PURA ROCA

El miedo enfundado en pura roca
repele cada tentativa
de un verbo agotado y sumiso
que ya no espera el devenir de una primavera.
Una losa de mármol
tiembla en mi vientre,
y alude al canto de la niebla
que cubre los ojos,
que silencia la lengua.

EN SUEÑOS

En sueños, empuño palabras que hienden tu costra,
términos que agrietan tu roca íntima.
Esgrimo letras y sonidos, sílabas
que reviven tus sentidos,
desequilibran tus columnas
y zarandean tus cimientos.
Despierta, comprendo que hay nombres
que no nacieron para enunciados,
ni para dichos,
ni para ser amados, nombrados o escritos.
Son los malditos,
porque respiran de mi razón onírica
y se desquician en la clara vigilia.

DÍAS DE LLUVIA

Me pregunto qué adjetivos me acompañarán en estos
días de lluvia.
Soporto grises calificativos errados
sin repudiarlos.
Inútilmente indago en sus semas
resquicios de un familiar soporte
que me sostenga en la creencia de lo mundano.

TABÚ

Mudas, hay palabras que nacieron
para no ser dichas jamás.
Un alud de migrantes eufemismos
las silencian sin piedad.
Un espasmo en la lengua
opaca sus sonidos.
No nacieron para existir en lo lineal
sino para permanecer,
para rebotar en las mentes
una y mil veces,
para ser contenidas, maceradas
y podridas en el crisol
de significados latentes.

PASAJERO

No es un dolor pasajero.
Sus palabras, las que declaran
la brecha, provienen del subsuelo del alma.
Nadie cela su cierre
nadie vislumbró su fuga.
No es un dolor pasajero,
es cierto y constante de verdad desnuda,
de calma muda, incomprendida y oscura.
Porque en la turba de sombras
se aguzan los silencios hirientes
y se acalla el encuentro.

LO INEFABLE

Creí que la lengua, la palabra, la letra
acudirían exactas a modelar la masa
amorfa de la pasión, del sentimiento.
Resultó frustrante, insípida, la traducción
de latidos, pulsos, pálpitos y suspiros.
Hoy me siento miserable
por intentar la aberración
(de encarnar el aire y precisar el mar)
y celebro lo inefable.

VERBO

Me desasiste el verbo
que siempre me ayudó a nombrar.
En las tardes tranquilas
fluían, iban, venían.

Aquí y ahora se niegan a enmendar
lo que el despreocupado sentir evoca.

Paradoja de los nombres acusados
de dóciles y vagos,
de traicioneros y escasos.

Tal vez porque lo real
nace y muere en su boca.

CÓMO OLVIDARLO

Cómo olvidar que fueron las palabras las que movieron
mi piedad en noches con el sabor salino del desierto,
donde silbaba confuso el rumor de los árboles que ya no
estaban.
Cómo olvidar que fueron ellas las que tildaron de falsa
mi existencia
para afilar dientes y lengua con los que aullar un
lamento.
Aunque lloren, aunque sangren,
cómo olvidar que fueron las palabras
las que despojaron una verdad de nadie para hacerla
mía.
Y que fueron ellas las que, liberadas de dolor, me
llamaron:
"Aquí estamos, si te atreves,
para nombrar tu vida con los sesgos inesperados de lo
eterno".

II

LA FALTA

Debes saber que no hay cura.
Unas manos tocaron tu alma,
entraron y salieron de tu carne
como cuchillo.
Y la piel se cerró con calma,
la herida se restañó
indecisa e insegura,
dejando dentro la falta.

TOCADA

Tocada de una mano certera,
el alma se transforma y enturbia
de extraña sustancia.
Y luego, un cuerpo acarrea
la nueva forma, deslavazada e inconclusa,
por la ruta que era,
ya no,
la suya.

LIMITACIONES

Cortezas que descarnan el cuerpo al caer
dejan el alma a la intemperie.
A la luz de esas manos que la trastornan,
al frío del imposible contacto,
al confuso nido del desamparo.
Y queda desnuda y calada del uliginoso rocío,
que tirita en el amanecer.

NAUFRAGO EN TU AUSENCIA

Hay días que no te amo,
sabes que es cierto.
Y manejo, a tropiezos,
mis iras, mi soledad y mis espantos.
No, no te amo.
Consiento que derrames tu fe en mí,
que me cubra la luna en las noches plenas,
que retuerza mi pecho un beso robado.
Y es que, no, no te amo.
Pero naufrago en tu ausencia,
en tu silencio…
Me suicido en cada mirada tuya que no me ve.
Será que no te amo.

SILUETA

Una silueta azul corre entre marismas de panes
mordidos,
es su azul de un zumo sin vitaminas
un azul de añil infantil
en calles encaladas y grises aceras.
Una visión, una memoria, una sombra, un recuerdo.

AGOSTO

Un cortado recodo frente al mar
anuncia aves y nubes.
Claros destellos encandilan
el agua rizada.
No temo aquí.
Respira la arena
en cada dorado impulso del viento,
sin inmutarse.
Apenas un velo brillante y transparente
se eleva en traviesas crestas que caminan.
Nada temo aquí.
Estoy sola, y está ella, en los primeros pasos
de mi infancia audaz y morena.

RUTINA

Esa suave y turbia rutina
que trajo paz,
y labró destrucción en mi campo.
¿Cómo se manifestará el destino
si no hay sosiego?
¿En la clara inocencia del sueño,
o en grisura de la realidad?

ESTIGMA

Si tan solo pudiera soñar
y decir que nunca estuve ahí,
que nunca bebí de ese vino,
que nunca comí en aquella boca.
Si tan solo pudiera contar
que no se está mal aquí,
que presa en el canto de sirenas
me finjo viva.
Si tan solo pudiera jurar
que la soledad no es abandono,
que pesa el destino.
Si tan solo pudiera susurrar,
a otro oído,
que solo una vez se toca el alma
sin manos,
que solo una vez se estrangula
sin manos,
el corazón.
Que solo una vez ganas esa batalla,
y que el resto son estigmas,
no soy yo.

INTUICIÓN

La negra intuición que habita en mis ojos
me lleva hasta ti,
te suplica una treta
cosida con hilo,
de hebras imprecisas y secretas,
capitaneadas en eficaz tela
que abrigue mi vacío.

ME MATA

Me mata no poseerlo.
Me molesta, me fastidia el abrazo de calles y avenidas
que no habitan sus cuerpos.
Me sangra en la nariz cada olor
que no emana de sus rincones.
Cada lengua insípida que no destila su vino, me hastía
tanto como el hálito de sus portales que ya no respiro.
Me hieren, murmurantes, sus edificios de historias
gélidas,
valientes, tórridas y serenas, que ya no vivo.

REENCARNACIÓN

Dime que no nacerás pronto,
que esperarás a que yo muera,
a que muera y me coma la tierra
para que tú nazcas
nutrido y pleno de mí.
Esa tierra a la que pertenezco,
a la que pertenecí siempre
por herencia, por despecho,
porque simplemente me agarró de los pies
y me hundió en ella
para que creciera fuerte y terca.

SÉ VALIENTE CONMIGO

Extiende la mano, necesaria palma y dedos,
que se trenza en otra mano de igual a igual.
No te esfuerzas,
no sostienes el sol
que se vislumbra asomado al hueco.
No se puede, hermana,
no se detiene, se va
entrecerrados los ojos y pícara la sonrisa.
El sol es valiente, amaneciendo al mundo.
Pero la luna
sale a oscuras y es cobarde, es instigadora y procaz.
Llámala, hermano, llámala.
No me oye, se va.
Sé valiente conmigo.

REMEDO

Remedo del tiempo,
ausencia esgrimida.
cuadrícula
estructura
sin palo ni astillas.

CARCOMA

Un núbil paraíso de carcoma
es la poética superficie
que, aislada por túmulos de sombras,
rueda infinitamente
en mis dudas.

SOSPECHA DEL MUNDO

¡Ay, ingrávida y torpe
sospecha del mundo!
Estéril superficie.
Acabas tu huida
y no hundes las uñas
en la tierra que te nutre.
¡Ay, maldita e indómita superficie!
No sabrás nunca del estiércol con que te nutres
y tornarás preñada de insanos secuaces,
alumbrando solitarios momentos baldíos.

YUGO

Pobre especie humana, anudando temores,
rompiendo ataduras
para hallar el yugo.
Canta en voces extrañas
lo que nadie suplica.
Grita en cantos ahogados
lo que el silencio supura.
Pobre soledad humana envuelta en personas.

MELAZA

Tórpida melaza
que nos cubre el rostro,
que paladeamos con gusto
para subsistir.
Tan pobre, tan lerda.
Tan parca, tan seca.
Tan dulce, tan falsa.

ESCOMBROS

Escombros de una bola martillo incontenible
salpican mis ojos de polvo y cascos,
trepidante final este cementerio de edificios que, como
yo,
se erigieron blancos un día.
Restos mudados en velas y aspavientos
proliferan hoy desaforados,
sumándose nuevos, buenos, únicos y sabios.
Dios, ¡qué tortura la estulticia!

HUMANO

Mártir de la ausencia y de la falta.
Mártir sumiso, mártir de las expectativas,
subyugado al llanto seco
a la sordera del silencio,
a la siesta de las entrañas,
a la plácida inacción
recostada siempre en su seno.

DESPUÉS

Nadie atestiguará mi cuerpo,
ni me imputará pecados.
Nadie disolverá las brumas
de mi atajo,
ni detendrá las tormentas,
ni sostendrá el salto.
Sola estaré,
entre el árbol y la tierra,
entre la luna y el cielo,
entre el vuelo y su pájaro.

ESFERA

Una esfera
llena de mendaces promesas,
de tientos y líneas
que se vierten al lúbrico piélago de formas,
que se mecen en la insistente tempestad de vida,
mientras difaman, impúdicas,
los atesorados colores del alba.

HILERA

Culmina el día.
Hileras de imperfecciones llanas
saltan de hito en hito
renombrando el camino.
No acostumbran a alinearse y numerarse para ser,
simplemente están nombrando lo que no está y,
sin embargo, es.

HERIDA SIN PIEL

La carne se duele de un daño falso,
siente una herida sin piel, irreal y ardiente,
de altiva e invisible navaja,
de esquilmados sentidos que
sin profundidad,
sin luz,
sin cadencia o ritmo,
miran,
sonríen y palpan.

LÍVIDA

Esta noche me mira lívida la luna,
con los ojos de todos los amantes mudos,
ateridos y sucintos
en la omisión y el olvido.

EL VACÍO

Creo que el alma termina y empieza en la punta de mis
dedos,
último vínculo ante el vacío.
Dormidas y hormigueantes se repliegan hacia la palma
que las sostienen,
ávidas del tacto y del equilibrio,
cautas en su permanente asomarse al abismo.

ES EL AIRE

Y es el aire que duele.
El agua que arde es.
Y maldita me quema mientras bebo
y maldito henchir de mi seno.
Como azogue prieto,
estrecha el horizonte
de mi mirar inquieto
y convierte en escarpia rebelde
mis deseos.

EL ALMA A LOS PIES

Duerme a mis pies, ahí se quedó,
latiendo apenas y respirando leve.
Nunca se queja ya,
aunque se quede fría
en el suelo inhóspito,
tras la caída.
Nada me dice ni me impulsa a hacer.
Solo insiste con su mutismo en infravivir
por costumbre, por cortesía, por obligación,
por no abandonarme al páramo yermo.
Alguna ocasión la llevo conmigo, de fiesta,
la provoco alentando su lujuria, su hambre o su ego,
solo por ver si murió del todo.
En casa, en el anonimato de la soledad,
la animo con la razón de fantasías posibles y
consecuentes,
solo por vislumbrar algún resquicio guardado por donde
evadir el germen de la indolencia.
Cansada, asciende su mirada desde mis pies, lacerante y
amarga,
suplicando piedad, dignidad en su muerte.
Decepcionada y satisfecha, la sostengo en vilo, la
aprieto en mi pecho
y me siento sola.

MOMENTO DE CORDURA

En este irascible momento de cordura
escalo hacia la cumbre empinada de la verdad,
de mi certeza.
Y desciendo como una roca suelta por la ladera,
golpeándome e hiriéndome
con todo saliente y esquina de la decepción tasada.
Delirante ascenso en el que encarar
con cada medido paso
la profecía de autocumplimiento.

NOCHE AUTÉNTICA

Noche auténtica de irreprochable carbón azul.
Me atrae cada estrella indiferente que la constela.
No quiero violentar su brillo con mis quejas
y no puedo renunciar a su calma,
ni a su mirada sabia.
No necesito saber de su irrealidad ni de su espejismo
incierto,
pero me lastima que no sean, aunque las vea,
la evidencia de que tampoco ellas me acompañan.
Solo tengo la noche, la noche auténtica.
La noche de indigentes y trashumantes reflejos de lo
que no es,
como un parpadeo ambiguo de la soledad.

DE NADIE

Es de nadie esa voz anudada en tu muñeca,
esa mano intensa y grata que te arranca del limbo,
esa mirada segura y perpetua
que anula las dudas.
Es una lágrima de nadie que te acompaña en el duelo.
Esa invitadora e insinuante sonrisa en el deseo de nadie.
Es la soledad un juramento de nadie.

III

SEDA BLANCA

Reconozco de la mujer,
el destino,
el agarre terreno de sus pies
y sus sedas blancas;
su rojo vibrante
y su crespón negro.

VALOR

Nacerá algún día
y nacerá febril,
febril de horas negras,
febril de vivir.
De un parto extasiado,
lento y sin cubrir.
Negro de negras penas,
pero vivo, al fin.

PECADO

En la estación del pecado
un resorte cóncavo
acelera el paso,
un pulso obturante y sanador
rompe el calzo
de la obligada penitencia
y un torrente ígneo, sanguíneo,
sacude asidos témpanos de siglos.

TENTACIÓN

Noctámbula temeridad de piel
recorre los pliegues
de un cuerpo acechado.
Y desea la muerte.
Y maldice la existencia
Sucumbe al tacto.
Y traspasa el pecado.

BALDÍAS

Advertencias baldías
ante un camino decidido,
duro ataque a la cordura,
que en alisado averno
se decapita.

COLMENA

Parda colmena
que zozobra altanera
y perturba la calma merecida.
Estancada y muerta si la evito.
Es la búsqueda que causa la dicha
con frustraciones que soporta el vino.
Anhelo que arde
en la esperanza infinita
de mi boca.

TÚNEL

El regreso no existe cuando acoges la soledad.
Existe la continuidad penada
de un túnel elegido, de frascos abiertos, de cajas
destapadas.
Con caídas y recaídas,
con soportables espinas
en enorme martirio.
Nunca hay retorno, nunca la compañía
del yo que ha sido.

PERIPLO DE UNA MENTIRA

Se incautan olvidos,
como metamorfosis de recuerdos,
que se hincan en lo profundo,
allí, donde no llegan mis derretidos remos.
Mi única verdad,
la que nació falsa
y se aferró dentro para llenar mi falla.
Y la dejé hacerlo,
porque era mendaz.
La dejé que habitara en mí como un parásito.
Y a pesar del astado empeño,
a pesar del mutismo mordaz,
de la salvedad excavada,
y del negado duelo,
reconozco que ahora, es verdad.

ESPEJO

Necesito un cielo
y un espejo enorme
donde mirarme,
donde acotar
la sonrisa del mundo.
Necesito abrazar ese reflejo inequívoco de luz,
cristalizar el brillo del aire
y embriagar el perfume de vida.

ESCALERA

Porque haciendo estremecer
los escalones de mi existencia
no quiero hollarlos de inconciencia,
no quiero anegar cada peldaño
de estúpida fluidez.
No quiero habituar mi paso
a la prevista escalera.
No quiero.
Porque no quiero
mirar la tierra y no ver
mis huellas, sino de otra.
No quiero mirar el mar
y no ver mi estela,
sino de otra.
No quiero ver en el cielo
no mi vuelo, sino de otra.

SED

Apurar pretendo cada gota
de esta obcecada sed.
Buscar consuelo a este afán
que araña a cada trecho.
Escollo de los ímpetus
son sus culpas
que anidan en madrigueras
de sueño.
Todo lo que es
no es nada
si no soy yo.

REAL

Seguiré el rastro febril del deseo.
Seguiré sus sonidos como un ciego,
y hallaré mi nombre real y eterno
porque ninguna otra cosa puedo.

HIEL

Y mi nombre te será de hiel
y bárbaras mis sonrisas,
agujas mis labios
y siniestras mis manos.
Lo sé.
Pero, déjame buscar el vacío
déjame encontrarlo
y que mi soledad lo habite
con perfiles blancos.

NÓMADA

Un delirio nómada
en busca de un lugar propio,
de un nombre propio,
de un cuerpo propio.

Deja que mi deseo nómada
atraviese las presencias ausentes
en busca de un lugar propio
para mi espíritu
para mi cuerpo
para mi nombre.

Deja que abandone
las ausencias presentes.

Deja que encuentre un agujero
que rodee la soledad
y encuentre un nombre propio
para mi cuerpo
para mi nombre
para mi mente.

SOLEDAD I

Soledad que es agua
arrumada de espuma y sal.
Esa que ilustra lo vano,
Esa que abate mentiras,
que despelleja.
Esa que no deja
hueco al gusano.

PLENITUD

Te enseñaré la plenitud del tiempo,
la soledad espléndida y soleada.
Es un mar, una playa,
al otro lado,
al lado opuesto de tu alma.

SOLEDAD II

Es una palabra de nadie
que renombra todo lo vivido
con acentos únicos.
¿Será el mar que acomoda barcos?
¿Será el cielo que apresura vientos?
¿Será la tierra que enraíza miedos?
¿Será un suplicio, un a deshora, un a destiempo?
¿Será esa mi soledad?

HIELO

Destinada a caminos equidistantes y perecederos.
Hielo que revienta en agua
para alargarse en su propia senda.
Agua túrbida en su nuevo ser.
Sin cauce, se multiplica.
Más densa y más cerrada,
se ramifica en meandros cruzados.
Brota auténtica y enemiga.
Y no podrá nombrarse pura y cristalina.
Multitud de gérmenes
envilecen el profundo origen de su vida.

FANTASMAS

No sé cómo lidiar con estos fantasmas.
A veces, los espanto soplando fuerte fuerte,
o los abrazo despacio con cautela, con un temor
irreverente.
A veces, los atisbo de lejos, con la esquinita diagonal de
mis ojos,
sé que están, pero no los consiento.
Otras veces, los encaro de frente
y despego de mi vientre toda la ira de que soy capaz,
aventando el atrevimiento codicioso de mis sueños.
Muchas veces, dócil, menuda,
los dejo poseerme y me voy de mí,
me despego de mi yo gemelo
y me convenzo de mi soledad.

INEXORABLE AMIGO

Mi inexorable amigo se infundió de templada sangre.
Coloreado y terso batía con arritmia desigual
mientras trepaba trémulo asido a mis pantorrillas, entre
mis mulos y hasta mis senos.
Lenta, muy lentamente conmovió todo mi cuerpo.
Perfumado como de aroma de viento,
comenzó a vibrar con miradas y caricias ajenas,
más vigoroso, más hábil y capaz que nunca.

ESCULTURA

Tengo miedo de que mi cuerpo no inspire de tus manos
la escultura pura.
De que mi cuerpo no estimule en tus cantos la melodía
sublime.
Necesariamente tengo miedo de que mi cuerpo helado
no susurre píricas metáforas en tus poemas.
Tengo miedo,
un miedo atroz a los vientos y a los tiempos
que sobre la carne disienten
de sus rotundos y asegurados pliegues,
rozándolos y rubricándolos de profundas líneas
quebradas.
Miedo de ajustar el aliento y el pálpito a un espíritu
menudo
que no entiende de obras grandes ni excelsas ideas,
ni de genios,
solo de carne y materia.

DESIERTO

Clama la estrategia geométrica del desierto en mi cara
una prórroga de suspiros de carne y polvo.
Es el camino.
Carne a base de piel y huesos blancos
y tierra.
Es el desierto.
Dale esperanza, mujer, a la incógnita negra.
Dale agua al acero de sus quejas
y vida, sin tregua,
vida a la línea amortajada de la certeza.

SOLA

Así, sin más. Porque
supe amar, porque amé y he amado
estoy sola.
Porque los que no aman ni han amado,
no honran la ausencia...el vacío.
Porque vi, he visto lo hermoso del final,
y conocido en los límites
las formas alentadoras e incipientes,
no condenas ni abismos.
Porque la falta que siempre me acompaña
no tiene un nombre,
y mi boca no la nombra
ni la recuerda el alma.
Se planta, enraíza y florece
en pétalos dulces y callados,
y la amo
porque es blanca.

ÍNDICE

PREFACIO 13

I

FONEMAS ERMITAÑOS 19

PURA ROCA 20

EN SUEÑOS 21

DÍAS DE LLUVIA 22

TABÚ 23

PASAJERO 24

LO INEFABLE 25

VERBO 26

CÓMO OLVIDARLO 27

II

LA FALTA 31

TOCADA 32

LIMITACIONES 33

NAUFRAGO EN TU AUSENCIA.........34

SILUETA 35

AGOSTO....................................36

RUTINA.....................................37

ESTIGMA...................................38

INTUICIÓN................................39

ME MATA..................................40

REENCARNACIÓN.....................41

SÉ VALIENTE CONMIGO............42

REMEDO...................................43

CARCOMA.................................44

SOSPECHA DEL MUNDO.............45

YUGO.......................................46

MELAZA....................................47

ESCOMBROS.............................48

HUMANO..................................49

DESPUÉS..................................50

ESFERA....................................51

HILERA.....................................52

HERIDA SIN PIEL......................53

LÍVIDA 54

EL VACÍO 55

ES EL AIRE 56

EL ALMA A LOS PIES 57

MOMENTO DE CORDURA 58

NOCHE AUTÉNTICA 59

DE NADIE 60

III

SEDA BLANCA 63

VALOR 64

PECADO 65

TENTACIÓN 66

BALDÍAS 67

COLMENA 68

TÚNEL 69

PERIPLO DE UNA MENTIRA 70

ESPEJO 71

ESCALERA 72

SED 73

REAL 74

HIEL 75

NÓMADA 76

SOLEDAD I 77

PLENITUD 78

SOLEDAD II 79

HIELO 80

FANTASMAS 81

INEXORABLE AMIGO 82

ESCULTURA 83

DESIERTO 84

SOLA 85

europa ediciones